La geología

Los volcanes

Jennifer Nault

LIGHTBOX
openlightbox.com

LIGHTBOX

Entre a
www.openlightbox.com
e ingrese el código único
de este libro.

CÓDIGO DE ACCESO

LBXR9223

Lightbox es una completa solución digital para enseñar y aprender temas curriculares de una manera original e innovadora. Lightbox se basa en las Normas Curriculares Nacionales.

CARACTERÍSTICAS ESTÁNDAR DE LIGHTBOX

AUDIO Narraciones de alta calidad con sistema de texto a voz

ACTIVIDADES PDFs imprimibles que pueden enviarse por correo electrónico y calificarse

PRESENTACIÓN EN DIAPOSITIVAS Ilustraciones gráficas de los conceptos clave

VIDEOS Videoclips de alta definición incorporados

ENLACES WEB Enlaces cuidadosamente seleccionados con recursos seguros para niños

TRANSPARENCIAS Capas paso a paso de mapas, diagramas, cuadros y cronologías

MAPAS INTERACTIVOS Mapas interactivos e imágenes satelitales aéreas

CUESTIONARIOS Diez preguntas de elección multiple con puntaje automático que se envían por correo electrónico al docente para su evaluación

PALABRAS CLAVE Combinación de los conceptos clave con sus definiciones

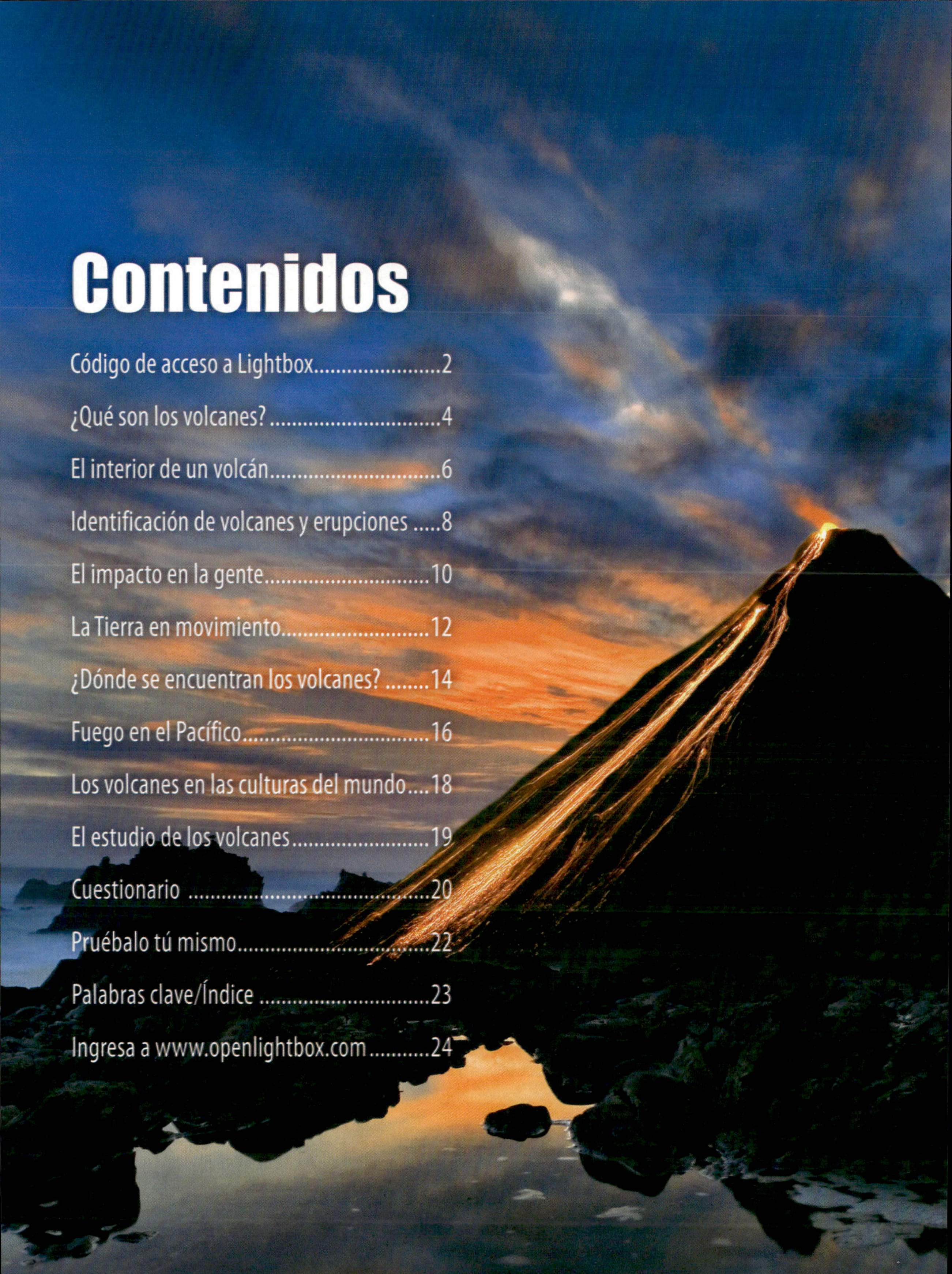

Contenidos

¿Qué son los volcanes?

Un volcán es una abertura en la superficie terrestre. Cuando un volcán entra en **erupción**, puede emanar grandes cantidades de gases calientes, cenizas y roca **fundida**. Estos materiales suelen cubrir grandes áreas y pueden destruir todo lo que tocan. Los volcanes erupcionan por las poderosas fuerzas que trabajan en la profundidad de la Tierra. Los científicos estudian los volcanes para comprender mejor cómo ocurren las erupciones.

Hay muchos países del mundo que tienen volcanes **activos**. En Estados Unidos hay varios volcanes en actividad. El volcán más grande de la Tierra es el Mauna Loa. Se eleva 2,5 millas (4 kilómetros) sobre el nivel del mar. El Mauna Loa ocupa casi la mitad de la isla de Hawái. El Kilauea, en el sur de la misma isla, es uno de los volcanes más activos de la Tierra. El monte Santa Helena, en Washington también es un volcán activo. La cima del monte Spurr de Alaska es el **cráter** de un volcán que ha estado activo durante la mayor parte de los últimos 6.000 años.

Indonesia tiene más de 130 volcanes activos. Por eso, es uno de los países con mayor actividad volcánica del mundo.

FUEGO DESDE ADENTRO

Los materiales que salen de un volcán tienen una temperatura de entre **1.300 y 2.200° Fahrenheit**. Esta temperatura es lo suficientemente caliente como para derretir el vidrio. (700 y 1.200° Celsius)

Los volcanes pueden producir **rocas que flotan** llamadas pómez.

Hay más de **1.500 volcanes activos** en todo el mundo.

Marte tiene el **volcán más grande** que se conoce **en el sistema solar**. Mide 16 millas de alto. (25 km)

En un momento determinado, hay unos **20 volcanes** en erupción en alguna parte del mundo.

El interior de un volcán

El interior de la Tierra es extremadamente caliente. Es lo suficientemente caliente como para fundir las rocas. La roca fundida dentro de la Tierra se llama magma. Al fundirse, la roca emana un gas que se mezcla con el magma. El gas puede alivianar el magma lo suficiente como para que suba hasta la superficie terrestre.

Cerca de la superficie, el magma se junta en una cámara, o zona hueca, debajo del volcán. Cuanto más magma ingresa a la cámara, más presión se acumula. Eventualmente, el magma comienza a salir con mucha fuerza a través de un canal llamado fumarola hacia la superficie terrestre. La cantidad de gas que tiene el magma influye en las erupciones. Cuanto más gas haya en el magma, más violenta será la erupción.

El magma que emana del volcán se llama lava. Luego, esta lava se enfría y endurece. Con el tiempo, aparecen nuevas fumarolas en las paredes del volcán. Los volcanes pueden ser muy diferentes entre sí. Su forma depende de los tipos de erupciones que tengan y cuándo se hayan producido esas erupciones.

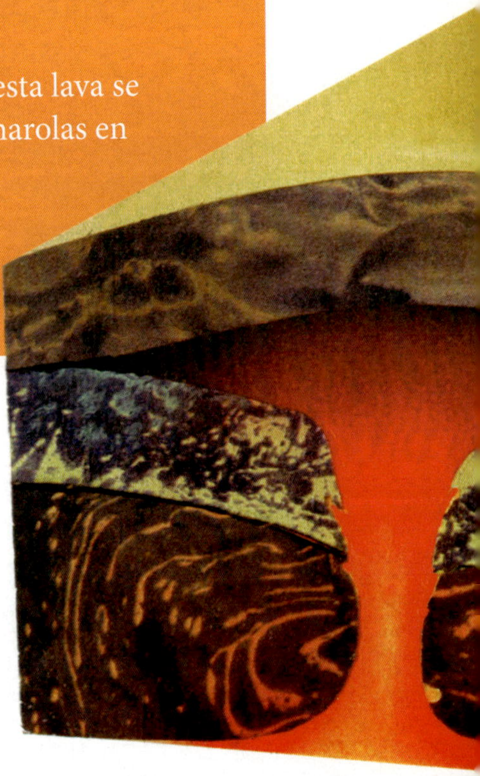

1 Chimenea
La chimenea se forma cuando el calor o la presión del magma acumulado derrite o rompe parte de la pared de la cámara donde se junta el magma.

2 Chimenea secundaria
Una chimenea secundaria es una rama más pequeña de la chimenea principal.

3 Cráter
El cráter se puede formar cuando la explosión de una erupción vuela la punta de un volcán.

4 Lava
La parte exterior de muchos volcanes está formada por capas de lava seca. Los volcanes que erupcionan muchas veces suelen ser más grandes porque se va acumulando cada vez más lava.

Anatomía de un volcán

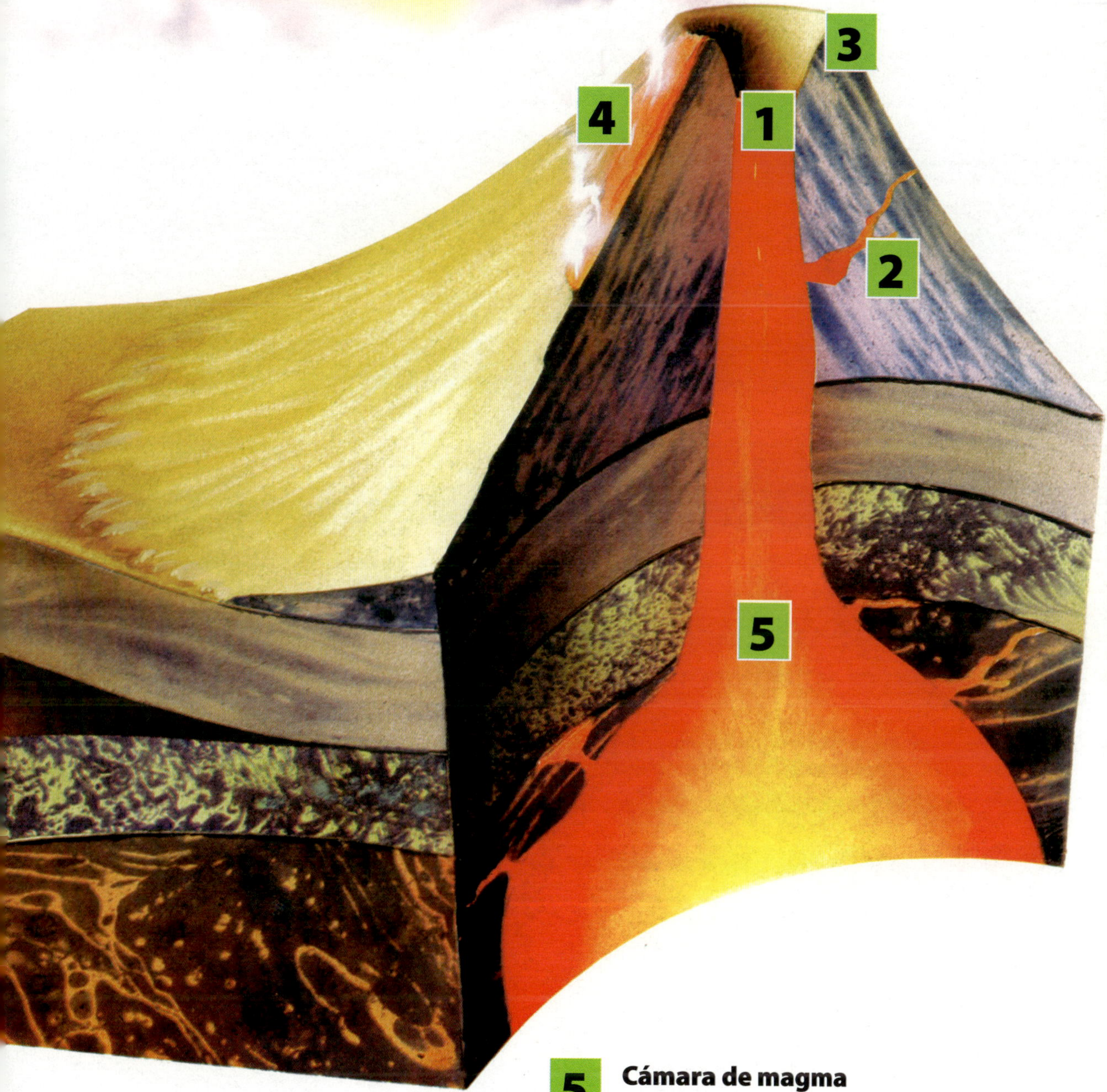

5 **Cámara de magma**

Las erupciones reducen la cantidad de magma de la cámara. Con el tiempo ingresa más magma a la cámara y el volcán puede volver a erupcionar.

Identificación de volcanes y erupciones

Los científicos clasifican, o dividen, a los volcanes en diferentes tipos. Hay varias formas de clasificar a los volcanes: por su forma, la cantidad de actividad y la fuerza de las erupciones.

Cono volcánico

Los conos volcánicos tienen laderas empinadas y forma de cono. Se forman por la acumulación de lava, cenizas y rocas de numerosas erupciones.

Volcán en escudo

Los volcanes en escudo son bajos y anchos. Se forman por los ríos de lava que recorren una gran distancia desde la chimenea antes de endurecerse.

Volcán extinto
Un volcán que no ha hecho erupción por varios cientos de años está inactivo y es improbable que vuelva a erupcionar. Un volcán que no ha hecho erupción por varios miles de años está extinto. Es altamente improbable que vuelva a erupcionar.

Volcán activo
Un volcán que ha hecho erupción en los últimos cientos de años está activo.

Erupción explosiva
Las erupciones explosivas liberan rocas, cenizas y gases a grandes alturas.

Erupción no explosiva
En las erupciones no explosivas, el volcán emana lava, un líquido delgado, que baja por las laderas.

El impacto en la gente

La gente que vive cerca de volcanes activos se enfrenta a muchos peligros. Las cenizas de una explosión volcánica pueden destruir cosechas y otras plantas. Pueden enterrar o quemar edificios y personas. Algunos tipos de lava corren muy rápido. La lava caliente puede dañar a los seres vivos.

Los gases que se liberan a la **atmósfera** durante una erupción pueden ser venenosos. Podemos morir si respiramos esos gases, y tal vez no haya tiempo suficiente para abandonar el área que rodea al volcán en erupción.

Cronología de los volcanes

79

El monte Vesubio entra en erupción dejando enterradas a las ciudades de Pompeya, Herculano y Estabia, en Italia.

1815

Explota el monte Tambora en Indonesia. Es la erupción más grande de la historia. La erupción provoca un tsunami.

1783

Laki, un volcán de Islandia, erupciona 10 veces en ocho meses.

Cuando el agua se mezcla con las cenizas o los trozos de roca que salen del volcán durante una erupción, se produce un lahar. Esta mezcla forma un lodo espeso. Cuando llueve durante una erupción, se suelen producir lahares que corren ladera abajo y destruyen todo lo que encuentran en el camino.

Las erupciones de volcanes submarinos pueden provocar grandes olas. Estas olas se llaman tsunamis. Los tsunamis pueden inundar las zonas costeras. Las inundaciones provocan daños en las estructuras y la gente.

1883

El Krakatoa hace erupción. La explosión del volcán de Indonesia lanza rocas y otro material al mar provocando un tsunami. Mueren cerca de 36.000 personas.

1912

Se produce la mayor erupción del siglo XX en Novarupta, Alaska. Dura aproximadamente 60 horas y genera una nube de cenizas que cubre a gran parte del planeta.

2010

El volcán islandés Eyjafjallajökull entra en erupción. Por las cenizas del volcán, se suspenden todos los vuelos en Europa, afectando a millones de pasajeros en todo el mundo.

2014

El monte Ontake de Japón entra en erupción. Unas 60 personas, en su mayoría senderistas, mueren en la montaña.

La Tierra en movimiento

La superficie terrestre está formada por una delgada capa de roca llamada corteza. Debajo de la corteza hay otra capa llamada manto compuesta por roca fundida y roca sólida. La corteza y la parte superior del manto están divididas en grandes trozos llamados placas tectónicas. Debajo de las placas corre una capa de magma.

El movimiento del magma hace que las placas se desplacen lentamente. Generalmente, las placas se mueven entre 2 y 4 pulgadas (5 y 10 centímetros) por año. A veces, dos placas se separan. Esto hace que el magma suba a la superficie generando erupciones volcánicas.

A veces, dos placas se juntan. El borde de una placa se desliza debajo de la otra y su roca comienza a derretirse. El magma que se forma ayuda a generar otras erupciones volcánicas. Algunas erupciones, como las de Hawái, se producen en chimeneas dentro de una misma placa.

La Placa del Pacífico es la placa tectónica más grande de la Tierra. Casi toda la placa se encuentra debajo del océano Pacífico. Las placas Norteamericana, Sudamericana, Euroasiática, Africana, Australiana y Antártica reciben sus respectivos nombres por los continentes donde se encuentran.

CONECTANDO LAS PLACAS

La **falla de San Andrés**, en California, se formó cuando se deslizó **la placa del Pacífico** contra **la placa de Norte América**.

Las placas tectónicas tienen cerca de **62 millas de espesor**. (100 km)

La **placa del Pacífico** tiene una superficie de casi 24 millones de millas cuadradas. (62 millones de km^2)

La **Fosa de las Marianas**, el lugar **más profundo** de la Tierra, se formó cuando una placa se deslizó debajo de otra.

La **placa tectónica que se mueve más rápido**, la *Dorsal del Pacífico Oriental*, se mueve **6 pulgadas por año.** *(15 cm)*

El Parque Nacional Thingvellir de Islandia es uno de los únicos lugares donde se pueden ver dos placas que se separan en terreno seco.

El agua de la fisura de Silfra, que se encuentra en el Parque Nacional Thingvellir, se ha filtrado a través de la lava por hasta 100 años. Esto la convierte en una de las aguas naturales más transparentes de la Tierra.

¿Dónde se encuentran los volcanes?

Las placas tectónicas

La superficie terrestre está dividida en 12 placas grandes y varias otras placas más pequeñas. Hasta las placas más pequeñas pueden causar mucho daño. La pequeña placa de Juan de Fuca se encuentra en las costas del Pacífico Noroeste de EE.UU. A medida que se mueve debajo de la placa Norteamericana, provoca frecuentes **temblores** y erupciones volcánicas cerca del estado de Washington.

Fuego en el Pacífico

La mayoría de los volcanes activos se encuentran cerca de las costas del océano Pacífico. Los volcanes forman una franja a lo largo de los bordes de las placas tectónicas. Estos volcanes, junto con la región donde se encuentran, forman el llamado Cinturón de Fuego.

El monte Santa Helena forma parte del Cinturón de Fuego. Su erupción, el 18 de mayo de 1980, lanzó gas y cenizas al aire a una distancia de 16 millas (26 km). Murieron cincuenta y siete personas. También murieron muchas plantas y animales. La explosión provocó el desprendimiento de una parte de la montaña. Antes de la erupción el monte Santa Helena, medía 9.677 pies (2.950 metros) de alto. Después de la erupción, su altura se redujo a 8.363 pies (2.550 m).

La erupción del monte Santa Helena derribó árboles en un área de 200 millas cuadradas (500 km^2).

Indonesia y las Filipinas son dos países de Asia ubicados a lo largo del Cinturón de Fuego. El monte Merapi es el volcán más activo de Indonesia. Su nombre significa "Montaña de Fuego". En 2010, el monte Merapi entró en erupción provocando lahares y **flujos piroclásticos**. Decenas de miles de personas debieron abandonar el área que rodeaba la montaña. La erupción de 1991 del monte Pinatubo, en las Filipinas, fue una de las erupciones volcánicas más grandes del mundo ocurridas en el siglo XX.

El monte Merapi tiene más de 9.500 pies (2.895 m) de altura. Se lo puede ver lanzar humo más de 300 días al año.

100.000

Cantidad de personas que perdieron sus hogares por la erupción del monte Pinatubo en 1991.

19 millas

Altura de la columna de humo y cenizas que produjo la erupción del monte Pinatubo. (30 km)

600

Años transcurridos desde la erupción anterior del monte Pinatubo.

Los volcanes en las culturas del mundo

El nombre volcán viene de Vulcano, el dios del fuego de los antiguos romanos. Los romanos encontraron una isla en las costas de Sicilia, cerca de Italia. De la isla salía humo y gas provocado por un volcán. Los romanos creían que el dios del fuego lanzaba rayos desde las profundidades de la isla, por eso llamaron a la isla Vulcano.

Muchas personas de Indonesia creen que los dioses viven en los volcanes. Algunos creen que cuando los dioses de un volcán se enojan con la gente, su volcán erupciona. Algunos indonesios llevan ofrendas a los dioses para que estén contentos. Otros creen que en la cima del monte Merapi vive un gigante malvado. Una persona llamada Portero lleva pequeños regalos a este monstruo para que no haga erupcionar al volcán.

Vulcano también era el dios de los artesanos y los herreros. Los antiguos romanos celebraban el festival de Volcanalia, dedicado a este dios, arrojando pececitos a una fogata.

El estudio de los volcanes

Un vulcanólogo es un científico que estudia los volcanes. Los vulcanólogos utilizan **observatorios** y datos, o información, que obtienen de los instrumentos que colocan en los volcanes para medir la temperatura o los movimientos. Estos científicos también examinan las rocas volcánicas en laboratorios. A veces, los vulcanólogos pueden **predecir** la erupción de un volcán y advertir a la gente que abandone el lugar.

Herramientas

Un sismógrafo es una de las herramientas utilizadas para estudiar volcanes. Mide los temblores de la tierra y envía mensajes a un observatorio. Los vulcanólogos también usan **láseres** para registrar cambios en las tierras que rodean a un volcán. Cuando ocurre una erupción, se la registra con cámaras de video. También se recolectan datos por medio de los satélites espaciales que dan vueltas alrededor de la Tierra o con aviones que sobrevuelan los volcanes.

Seguridad

El trabajo de los vulcanólogos puede ser peligroso. A veces estudian volcanes activos. Usan trajes térmicos cuando trabajan en los volcanes activos. Estos trajes los protege del calor.

Enfrentando el peligro

2.150°F

Temperatura del lago de lava del volcán Erta Ale de Etiopía. (1.177°C)

-22°F

Temperatura del volcán Erebus de la Antártica. (-30°C)

30 segundos

Tiempo de advertencia que puede haber antes de que comience una erupción.

Cuestionario

Ahora que has leído todo sobre los volcanes, pon a prueba tus conocimientos respondiendo estas preguntas. Toda la información se encuentra en el texto que acabas de leer. Las respuestas se encuentran al final, a modo de referencia.

1 ¿Cómo se llama el grupo de volcanes que se encuentra en el océano Pacífico?

2 ¿Cómo se llama el magma cuando sale de un volcán?

3 ¿Cómo se llama el volcán más grande del mundo?

4 ¿Qué tipo de volcán se forma por los ríos de lava que recorren una gran distancia desde la chimenea antes de endurecerse?

5 ¿Cómo se llama el tipo de científico que estudia los volcanes?

6 ¿Cómo se llama la roca volcánica que flota?

7 ¿Qué planeta tiene el volcán más grande del sistema solar?

8 ¿Qué volcán tuvo la erupción más destructiva de la historia estadounidense?

9 ¿Qué se producen cuando el agua se mezcla con cenizas y pedazos de roca durante una erupción?

10 ¿Qué herramienta se usa para medir los temblores de la tierra cercana a un volcán?

Respuestas

1. El Cinturón de Fuego
2. Lava
3. Mauna Loa
4. Volcán en escudo
5. Vulcanólogo
6. Pómez
7. Marte
8. Monte Santa Helena
9. Lahares
10. Un sismógrafo

Pruébalo tú mismo

Sigue estas instrucciones para crear tu propio volcán. Esta actividad debe realizarse junto a un adulto.

Volcán con botella de soda

Materiales:

Una botella de soda
Molde de repostería
Arcilla para modelar
1 taza medidora grande
Un juego de cucharas medidoras
Un embudo
Agua tibia
Colorante para alimento color rojo (opcional)
6 gotas de detergente líquido para vajilla
2 cucharadas (30 gramos) de bicarbonato de sodio
1/4 taza (60 ml) de vinagre

1 Coloca la botella de soda en el molde de repostería. Moldea la arcilla alrededor de la botella con la forma de un volcán. Ten cuidado de que no entre arcilla en la botella. Deja secar la arcilla durante dos días.

2 Cuando estés listo para que tu volcán haga erupción, usa el embudo para llenar casi toda la botella con agua tibia. Agrega el detergente líquido.

3 Agrega el bicarbonato de sodio y el vinagre.

4 Observa la erupción. Si el líquido no hace burbujas rápidamente, agrega un poco más de vinagre.

5 Para que tu proyecto sea más divertido, agrega colorante al líquido de la botella y así tu "lava" se verá roja.

Palabras clave

activos: con riesgo de erupción

atmósfera: la capa de gases que rodea la Tierra

cráter: área con forma de cuenco en la cima de un volcán formada por erupciones anteriores

erupción: emisión de materias sólidas, líquidas o gaseosas por aberturas o grietas de la corteza terrestre

flujos piroclásticos: paredes de rocas calientes y gas que se mueven rápidamente por las laderas de un volcán

fundida: convertida en líquido por el calor

láseres: dispositivos que usan las vibraciones de los átomos o moléculas para producir un delgado rayo de luz

observatorios: lugares que se usan para observar y estudiar un tipo de objeto o evento, como los volcanes, el clima o las estrellas en el espacio

predecir: decir algo antes de que ocurra basándose en el razonamiento, la experiencia o la observación

temblores: terremotos leves

Índice

LIGHTBOX

RECURSOS COMPLEMENTARIOS

Haga clic en el signo ⊕ que se encuentra en la esquina inferior izquierda de cada hoja para abrir más recursos para docentes.

- Descargue e imprima los cuestionarios y actividades del libro
- Acceda a las correlaciones curriculares
- Explore otras aplicaciones web que optimizan la experiencia de Lightbox

TÍTULOS DIGITALES DE LIGHTBOX

Incluyen un paquete completo de medios integrados

VIDEOS

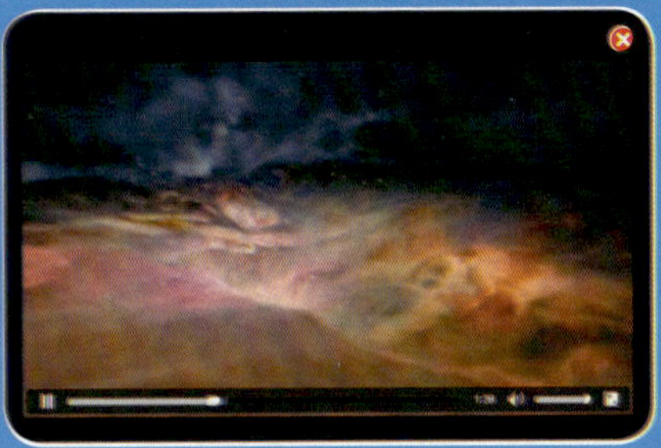

MAPAS INTERACTIVOS

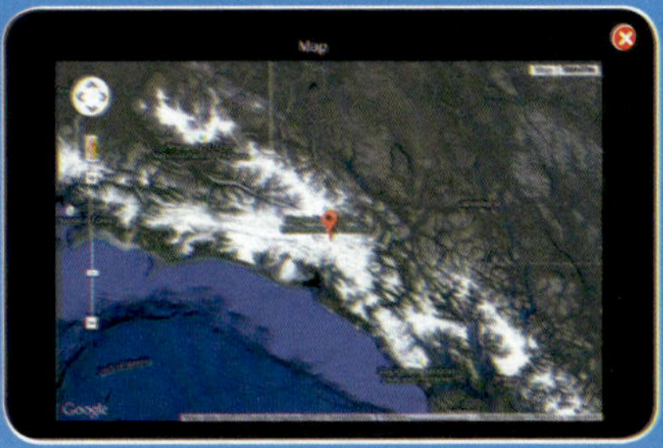

ENLACES WEB

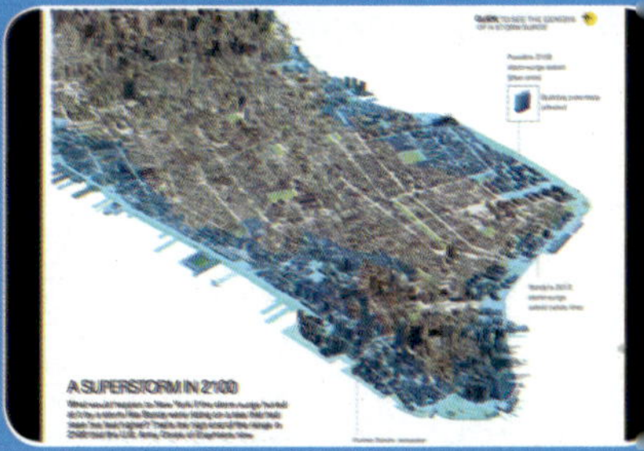

PRESENTACIONES EN DIAPOSITIVAS

CUESTIONARIOS

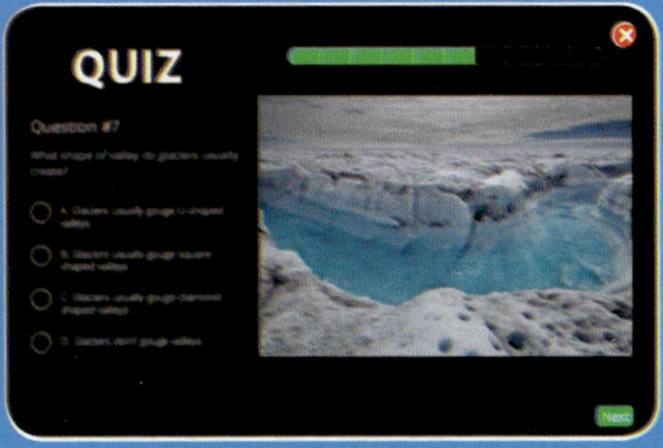

OPTIMIZADO PARA

- ✓ TABLETAS
- ✓ PIZARRAS ELECTRÓNIC
- ✓ COMPUTADORAS
- ✓ ¡Y MUCHO MÁS!

Published by Smartbook Media, Inc.
350 5th Avenue, 59th Floor New York, NY 10118
Website: www.openlightbox.com

Spanish Project Coordinator: Sara Cucini
Spanish Editor: Translation Cloud LLC
Project Coordinator: Katie Gillespie
Designer: Mandy Christiansen

Library of Congress Control Number: 2017961903

ISBN 978-1-5105-3454-4 (hardcover)
ISBN 978-1-5105-3455-1 (multi-user ebook)

Printed in Brainerd, Minnesota, United States
1 2 3 4 5 6 7 8 9 0 22 21 20 19 18

022018
011518

The publisher acknowledges Alamy, Corbis, Getty Images, iStock, and Shutterstock as its primary image suppliers for this title.